ज़ोर से बोलो

ज़ोर से बोलो

आशीष बंसी

Available on amazonkindle

Worldwide Published by

Pendown Press

PREMIUM BUSINESS PUBLISHER

PENDOWN PRESS LLP

An ISO 9001 & ISO 14001 Certified Co.,

Regd. Office: 3767A, Kanhaiya Nagar,

Tri Nagar, Delhi-110035

Ph.: 8130886000, 9650072927, 8595249536

E-mail: info@pendownpress.com

Branch Office: 1A/2A, 20, Hari Sadan, Ansari Road,

Daryaganj, New Delhi-110002

Ph.: 011-45794768

Website: PendownPress.com

Edition: 2025

Price: ₹ 299

ISBN: 978-93-6338-114-8

Layout and Cover Designed by Pendown Graphics Team

Printed and Bound in India by Thomson Press India Ltd.

जय माता दी

मैं यह नहीं कहता कि आप इस किताब को पढ़ेंगे तो आपका जीवन बदल जाएगा, लेकिन अगर आप इस किताब में लिखी बातों को दिल से समझें और उन्हें अपने जीवन में अपनाएँ –

तो यकीन मानिए, आपका जीवन ज़रूर बदल जाएगा।

– आशीष बंसी

विषय-सूची

भक्ति का बीज

"ज़ोर से बोलो!" — शिक्षक ने ज़ोर से कहा।

मैंने बिना सोचे बोला... "जय माता दी!"

वह सिर्फ़ एक उत्तर नहीं था। वह मेरी पहचान थी।

मैं वही बच्चा हूँ जिसे बचपन से बस एक ही बात आती है — मातरानी का नाम।

जय माता दी...

बचपन से सिर्फ़ मातारानी का गुणगान सुना, उनका स्मरण

किया, और उनका प्यार महसूस किया। यह सब मातारानी की कृपा से ही सम्भव हुआ, क्योंकि मेरा जन्म ही ऐसे घर में हुआ जहाँ भक्ति को संस्कारों की तरह जिया जाता है।

मेरे पिताजी, महंत हरबंस लाल बंसी जी, पिछले 60 साल से मातारानी का गुणगान कर रहे हैं। उन्होंने भक्ति को अपना जीवन बनाया, और मुझे भी उसी रास्ते पर चलना सिखाया।

मैंने सिर्फ़ 8 साल की उम्र में भजन गाना शुरू कर दिया था। मेरी पहली हाज़िरी थी माँ झंडेवाली जी के शाही दरबार में —

झंडेवाला मंदिर, पहाड़गंज, दिल्ली में—पावन अष्टमी की रात।

पापा ने कहा, "चलो, एक भजन सुनाओ।"

मैंने भी बिना हिचकिचाहट गाना शुरू कर दिया—

"मैया जी मैनु चरणा दा रख लो सेवादार..."

मुझे लगता है, पहले ही दिन मेरी पुकार माँ ने सुन ली... और अपने चरणों की सेवा में रख लिया।

जब पहली बार माइक हाथ में लिया, मुझे लगा जैसे मैं माता रानी से बात कर रहा हूँ। आज भी वही एहसास होता है — जैसे हर शब्द, हर भाव, माँ तक पहुँचता है।

माता रानी की कृपा से आज भारत ही नहीं, दुनिया के कोने-कोने — अमेरिका, कनाडा, ऑस्ट्रेलिया, लंदन, सिंगापुर,

दुबई जैसे देशों में, लोग मुझे सुनते हैं, मुझे प्यार करते हैं, मुझे फॉलो करते हैं।

पर मैं तो अब भी वही बच्चा हूँ, जो पूरी दुनिया के सामने आज भी कह सकता है:

"ज़ोर से बोलो... जय माता दी!"

यह किताब क्यों ज़रूरी है?

मैं बचपन से माँ वैष्णो देवी के दरबार जा रहा हूँ। हर बार घर से निकलते वक़्त एक ही विचार होता था कि इस बार माँ से क्या माँगना है? गुफ़ा के बाहर खड़े होते हुए भी मन में यही संशय बना रहता था कि अगर इस बार भी कुछ माँगे बिना लौट आया तो क्या फायदा। लेकिन जैसे ही माँ के दर्शन होते, सब कुछ भूल जाता था। दिल हल्का हो जाता, कोई माँग नहीं रहती, ना कोई शिकायत। सिर्फ़ एक गहरी शांति का एहसास होता था, जो हर बार माँ के सामने खड़े होकर उनके दर्शन मात्र से अपने आप भीतर उतर जाता था।

तब धीरे-धीरे समझ में आया कि असली भक्ति माँगने में नहीं है, बल्कि माँ के चरणों में अपने मन को पूरी तरह समर्पित कर देने में है। मुझे विश्वास है, आपने भी कभी ना कभी यह अनुभव किया होगा। जब आप किसी जागरण या चौकी में आते हैं, तो आपके मन में हज़ार बातें होती हैं। किसी को काम का तनाव होता है, कोई ट्रैफ़िक से परेशान होकर आता है, किसी को अपने बच्चों के भविष्य की चिंता होती है, किसी को अपने स्वास्थ्य की, तो कोई अपने भविष्य की चिंता करता है। लेकिन जैसे ही भजन की पहली धुन कानों में पड़ती है, सब कुछ धीरे-धीरे पीछे छूटने लगता है।

माँ के पास जाते हुए, एक अनंत शांति मिलती है, एक ऐसी

ऊर्जा का अनुभव होता है, जो हमारी भीतरी हलचल को शांत कर देती है। एक रोशनी जो हमारे मन के अंधेरे को मिटाने लगती है।

आज का समय बेहद तेज़ी से बदल रहा है। रिश्तों का स्वरूप, सोचने का तरीका, यहाँ तक कि भक्ति का स्वरूप भी। जब सब कुछ मोबाइल की एक उंगली पर आ गया है, तो यह और ज़रूरी हो गया है कि हम अपने भीतर की सच्ची रोशनी को दोबारा महसूस करें। आज, जब विकसित देशों में **डिप्रेशन** और **एंग्जायटी** जैसे मानसिक रोग तेज़ी से बढ़ रहे हैं, तब यह सवाल और बड़ा हो जाता है कि हम कहाँ जा रहे हैं?

हमारा समाज भी अब इन समस्याओं से अछूता नहीं रहा। बच्चे, जो कल तक खिलौनों में उलझे रहते थे, आज एंगर इश्यूज़ और ओवरथिंकिंग से जूझ रहे हैं। आज का इंसान बाहर से मुस्कुरा रहा है, पर अंदर से टूटा हुआ है। क्योंकि हम विकास तो कर रहे हैं, लेकिन आंतरिक शांति और संतुलन खोते जा रहे हैं।

डिप्रेशन, स्ट्रेस और एंग्जायटी अब मेडिकल टर्म्स नहीं रहे, ये अब हमारी दिनचर्या का हिस्सा बन चुके हैं। और इन्हीं हालातों में यह किताब आपको कोई लंबा भाषण या उपदेश नहीं देगी, बल्कि एक साधारण, सच्चा रास्ता दिखाएगी। ऐसा रास्ता जो आपको फिर से जोड़ सकेगा—आपकी आत्मा से, आपके भीतर की शांति से, और आपके अपनेपन से।

ये किताब सिर्फ आज के लिए नहीं है। यह हमारी आने वाली

पीढ़ियों के लिए भी एक उम्मीद है। एक ऐसा प्रयास है जिससे हम आने वाली पीढ़ी को भावनात्मक रूप से मजबूत, मानसिक रूप से शांत और जीवन के प्रति अधिक जागरूक बना सकें।

क्योंकि अगर हम आज नहीं रुके, तो अगली पीढ़ियाँ बिना दिशा के दौड़ती रहेंगी और गिर जाएँगी—बिना यह समझे कि वो दौड़ आखिर थी किस ओर?

भक्ति, भाव और विश्वास से भरा एक ऐसा अनुभव जो जीवन बदल दे

'कलयुग केवल नाम अधारा, सिमर-सिमर नर उतरे पारा। '

यह सिर्फ़ **एक दोहा नहीं, एक चिंतन है** कि भक्ति ही हमारे जीवन का असली सहारा बन सकती है।

यही सोचकर मैंने यह किताब लिखी है ताकि हम भक्ति को एक नए नज़रिए से समझ सकें, न कि सिर्फ़ एक रस्म के रूप में, बल्कि एक जीवंत, ऊर्जा से भरे और करुणा से सराबोर दृष्टिकोण के रूप में।

माँ सिर्फ़ एक मूर्ति नहीं हैं। माँ एक चेतना हैं। वह चेतना जो मन को शांत करती है, वचन को सार्थक बनाती है और कर्म को पवित्र करती है। जब हम उनका नाम लेते हैं, तो एक रोशनी हमारे अंदर समा जाती है, एक ऐसी रोशनी जो धीरे-धीरे हमारे भीतर फैले अंधकार को मिटाती है। और जब यह संबंध मन, वचन, और कर्म से जुड़ता है, तब भक्ति कोई साधारण क्रिया नहीं रह जाती, वह जीवन का सार बन जाती है।

मुझे पूरा विश्वास है, जब आप इस किताब को पढ़ेंगे, तो यह केवल पढ़ने की प्रक्रिया नहीं होगी बल्कि एक अनुभव होगा। आप भी उसी रोशनी से रोशन होंगे... और बिना किसी झिझक के कह उठेंगे—**ज़ोर से बोलो... जय माता दी!**

अध्याय 1

माँ भगवती जागरण: एक पंथ, एक प्रथा

जागरण सिर्फ़ एक रात भर का भजन कार्यक्रम नहीं होता। यह एक पंथ है—एक ऐसी आध्यात्मिक यात्रा जहाँ एक भक्त अंधकार से प्रकाश की ओर बढ़ता है। और यह एक प्रथा है—जो सदियों से चलती आ रही है, जिसमें श्रद्धा, समर्पण और मर्यादा का गहरा संबंध होता है।

यह वह साधना है, जिसमें हर भक्त अपने भीतर माँ को महसूस करने लगता है। जहाँ मंच की रौशनी से ज़्यादा, दिल में जगने वाली आस्था की लौ महत्वपूर्ण हो जाती है।

जागरण की पारंपरिक विधि

1. **संकल्प और डल:** जागरण का आरंभ होता है **"डल"** से– एक पवित्र संकल्प। जब महंत जी डल स्वीकार करते हैं, तो यह केवल एक औपचारिकता नहीं होती, यह माँ के दरबार में समर्पण का प्रतीक होती है। इस अर्पण में **पीले चावल, मिष्ठान्न, और अरदास** होती है, जिसे श्रद्धा से लाल वस्त्र में लपेट कर दिया जाता है।

   डल स्वीकार करने के साथ ही महंत जी एक वचन देते हैं कि यह जागरण माँ के चरणों में पूर्ण श्रद्धा, मर्यादा और नियमों के साथ अर्पित किया जाएगा। उसी क्षण से उस घर का वातावरण बदलने लगता है।

   इस समय से भक्तों का जीवन मर्यादा में आ जाता है। तामसिक भोजन जैसे प्याज, लहसुन, मांस-मदिरा आदि पूरी तरह त्याग दिए जाते हैं। ब्रह्मचर्य का पालन किया जाता है। घर में शुद्धता, सात्त्विकता और मौन साधना का वातावरण बनता है।

   हर दिन भक्त माँ के भजन में मन लगाते हैं। कई बार यह तैयारी एक सप्ताह, दस दिन या कभी-कभी पूरे महीने भर चलती है। यह समय केवल आयोजन की तैयारी का नहीं होता, यह आत्मा की शुद्धि का समय होता है।

   इस प्रक्रिया में हर छोटा कार्य जैसे, ध्वजा बनाना, भंडारे की योजना, साज-सज्जा भी भक्ति का रूप ले लेता है। लोग

इसे कोई सामाजिक कार्यक्रम नहीं, माँ की सेवा मानकर करते हैं।

2. **स्थान शुद्धि और नवग्रह पूजन:** जागरण के दिन की शुरुआत होती है स्थान शुद्धि से। सबसे पहले ब्राह्मण देवता द्वारा नवग्रह पूजन, गणपति पूजा और कलश स्थापना की जाती है। यह प्रक्रिया केवल एक धार्मिक औपचारिकता नहीं होती, बल्कि उस स्थान को एक मंदिर-तुल्य पवित्रता प्रदान करती है।

   नवग्रहों की शांति से वातावरण संतुलित होता है, गणपति पूजन से विघ्न दूर होते हैं और कलश स्थापना के माध्यम से सभी देवी-देवताओं को श्रद्धापूर्वक आमंत्रित किया जाता है। यह वह

   क्षण होता है जब एक साधारण जगह माँ के दरबार में बदल जाती है, जहाँ हर दिशा में सकारात्मक ऊर्जा का प्रवाह महसूस किया जा सकता है।

3. **ज्योत प्रज्वलन और पूजन:** जागरण का सार, उसका सबसे पवित्र स्तंभ, होता है ज्योत का प्रज्वलन। यह कोई साधारण दिया नहीं होता—यह **माँ का जीवित, प्रत्यक्ष रूप** माना जाता है।

   जैसे ही महंत जी वैदिक मंत्रों के साथ ज्योत प्रज्वलित करते हैं, पूरा वातावरण दिव्यता से भर जाता है, और हर भक्त महसूस करते है कि माँ उसी पल उनके समक्ष आ गई हैं।

फिर उस ज्योत का फूल, धूप, दीप, रोली, अक्षत आदि से विधिवत पूजन किया जाता है। श्रद्धालु दूर बैठकर भी उस ज्योत की ऊष्मा और शक्ति को अपने अंदर महसूस करते हैं।

इसलिए कहा गया है, जागरण में यदि कुछ सबसे श्रेष्ठ है, तो वह है ज्योत क्योंकि उसी में माँ विराजमान हैं। पूरे जागरण भर, यह ज्योत माँ की उपस्थिति का प्रमाण बनकर भक्तों की **आशा, श्रद्धा और विश्वास** को जगा कर रखती है।

4. माँ का आवाहन व गणेश वंदना – एक भक्ति पूर्ण आमंत्रण

जागरण पंथ में माँ के आवाहन की विशेष भूमिका होती है। आवाहन का अर्थ है – माँ को भक्ति और श्रद्धा के साथ आमंत्रित करना, उनसे निवेदन करना कि **"हे माँ, जगत् जननी, अपने भक्तों के बीच आकर, अपनी दिव्य कृपा से हमारे मन, जीवन और इस वातावरण को रोशन कीजिए।"**

महंत जी छैणों के द्वारा माँ का आवाहन करते हैं, जिसमें प्राचीन और पवित्र परंपरा का पालन होता है। छैणों की मधुर ध्वनि और भक्ति भाव के माध्यम से माँ को साक्षात आमंत्रित किया जाता है। यह आवाहन उसी प्रकार होता है जैसे पुराने समय में ध्यानु भक्त माँ का भजन कर माँ को आमंत्रित किया करते थे।

आवाहन के साथ-साथ छैणों के द्वारा गणेश वंदना भी की जाती है। सनातन धर्म में किसी भी शुभ कार्य या आयोजन की शुरुआत श्री गणेश भगवान के स्मरण और वंदन से की जाती है, ताकि कार्य बिना किसी विघ्न के सफलतापूर्वक पूर्ण हो।

इसलिए जागरण की यह घड़ी अत्यंत भावुक और ऊर्जा-पूर्ण होती है, जहाँ एक ओर माँ को सजीव रूप में बुलाया जाता है, वहीं दूसरी ओर गणपति का आह्वान कर संपूर्ण आयोजन की नींव रखी जाती है।

छैणों की आवाज़, मंत्रों की गूंज, भक्तों का समर्पण, ये सब मिलकर एक ऐसा वातावरण बनाते हैं जहाँ हर कोई भीतर से माँ के स्वागत के लिए तैयार हो जाता है, जिससे सम्पूर्ण वातावरण पवित्र और भक्तिमय हो जाता है।

5. **माता की भेंट – माँ को दिल से अर्पण:** जागरण में गाये जाने वाले भजनों को माता की भेंट कहा जाता है।

मन के भाव को माता रानी के चरणों में अर्पण करना ही वास्तविक भेंट है। यह सिर्फ़ एक संगीत का आनंद नहीं, बल्कि माँ के प्रति अपने प्रेम और भक्ति का समर्पण है। **हर स्वर, हर शब्द एक संकल्प होता है—माँ को मन से महसूस करने और उन्हें अपने जीवन में आमंत्रित करने का।**

सदियों पहले, जब कोई इलेक्ट्रॉनिक उपकरण या साउंड

सिस्टम नहीं थे, तब घर के अंदर या मंदिरों में छैणों और मृदंगों की ध्वनि में माँ का भजन किया जाता था। उस समय सभी संत, महंत और संगत मिलकर माँ को एक आवाज़ में बुलाते थे और उन्हीं परंपरागत भजनों की शैली को पक्की भेंट कहा जाता है।

समय के साथ, छैणों और मृदंगों की जगह इलेक्ट्रॉनिक वाद्ययंत्रों ने ले ली, लेकिन हम अभी भी इस परंपरा को कायम रखने की कोशिश कर रहे हैं, और यह भी चाहते हैं कि भजन की शुरुआत छैणों के साथ हो।

हम सभी को यह याद रखना ज़रूरी है कि भजन में भाव प्रधान है, संगीत नहीं। आज भी अगर भाव में पूरी श्रद्धा और मन से माँ का भजन किया जाए, तो वह माँ तक ज़रूर पहुँचता है।

मुझे विश्वास है कि संगीत के रूप में जो भी बदलाव आए, माँ का दर्शन और भक्ति का भाव कभी नहीं बदलना चाहिए।

यह भाव ही माता की वास्तविक भेंट है, जो हम पूरे मन, आत्मा और प्रेम से माँ को अर्पण करते हैं। और यही भेंट माँ को सबसे प्रिय होती है।

6. तारा रानी की कथा – त्याग, श्रद्धा और भक्ति की मिसाल:

रात के मध्यभाग में एक विशेष कथा सुनाई जाती है – तारा रानी की कथा। यह कथा त्याग, श्रद्धा और सच्ची भक्ति की

मिसाल है, जो भक्तों को यह याद दिलाती है कि माँ अपने सच्चे भक्तों की हमेशा रक्षा करती हैं।

माँ भगवती ने स्वयं यह वरदान दिया था कि जब तक जागरण में तारा रानी की कथा नहीं सुनाई जाएगी, वह जागरण सम्पूर्ण नहीं माना जाएगा। इसलिए इस कथा को बहुत आदर और श्रद्धा के साथ सुनाया जाता है।

इस कथा में तारा रानी के साहस, संघर्ष और उनकी अपार भक्ति का वर्णन होता है। कैसे उन्होंने हर कठिनाई को सहकर भी माँ का नाम नहीं छोड़ा और अंततः माँ ने उनकी रक्षा की।

यह कथा हम सबको यह सिखाती है कि अगर हमारी श्रद्धा सच्ची हो और मन साफ़ हो, तो माँ ज़रूर सुनती हैं। तारा रानी की तरह अगर हम भी माँ पर अटूट विश्वास रखें, तो जीवन की कोई भी मुश्किल हमें डिगा नहीं सकती।

7. **माँ को भोग अर्पण और आरती:** जागरण के अंत में माँ को हलवा और चने का भोग लगाया जाता है। भोग लगाते समय भक्त पूरी श्रद्धा और भाव के साथ माँ का ध्यान करते हैं, जैसे माँ उनके सामने साक्षात बैठी हों।

उसके बाद होती है, माँ की आरती। सभी भक्त मिलकर आरती करते हैं, घंटियाँ बजती हैं, और माँ का नाम लिया जाता है। यह जागरण का अंतिम और सबसे आत्मिक भाग होता है, जिसमें भक्त अपने विश्वास, भाव और आशीर्वाद की

कामना माँ के चरणों में रखते हैं। यह सिर्फ़ अंत नहीं, बल्कि एक नई शुरुआत का संकेत होता है — जहाँ माँ से जुड़ने के बाद व्यक्ति को एक सुकून, एक शक्ति और एक दिशा मिलती है।

8. **कन्या पूजन – माँ का साक्षात रूप:** आरती के बाद जागरण का समापन कन्या पूजन से होता है। छोटी-छोटी कन्याएँ, जो माँ के रूप की प्रतिनिधि होती हैं, उनका पूजन किया जाता है – पाँव धोकर, तिलक लगाकर, उन्हें प्रसाद व वस्त्र देकर सम्मानित किया जाता है।

हमारा धर्म हमेशा से नारी को शक्ति के रूप में देखता आया है। जैसे नवरात्रि के समय कन्या पूजन होता है, वैसे ही जागरण के अंत में भी इस परम्परा का पालन किया जाता है।

कई लोग तीर्थ यात्रा के बाद घर लौटकर भी कन्या पूजन करते हैं — यह सब दिखाता है कि नारी के प्रति सम्मान हमारे संस्कार का हिस्सा है। जब समाज में लड़कियों को दबाया जा रहा था, तब भी हमारी परम्पराओं में उन्हें देवी के रूप में पूजा जा रहा था। यह हमारे धर्म की गहराई और उन्नत सोच का प्रमाण है।

अगर आप माँ के सच्चे भक्त हैं, तो सिर्फ़ मंदिर में नहीं, जीवन में भी नारी का सम्मान कीजिए। क्योंकि हर कन्या में माँ का रूप होता है।

एक सच्ची घटना – माँ की भक्ति का प्रभाव

एक दिन, एक भक्त जागरण में आए। रात भर उन्होंने माँ का भजन किया, अपने मन और दिल से माँ को समर्पित किया। दो दिन बाद उन्होंने मुझे फ़ोन किया और कहा, "भैया, मैं सालों से नींद की गोली ले रहा था। लेकिन उस जागरण की रात के बाद मुझे पहली बार बिना दवा के चैन की नींद आई, वो भी सुकून भरी।"

उन्होंने आगे कहा, "अब मैं रोज़ आपके गाए हुए भजन सुनता हूँ और चैन से सोता हूँ।"

आज भी जब वे भक्त मुझे मिलते हैं, तो मैं मज़ाक में उनसे पूछता हूँ, "तो भाई, अभी भी गोली ले रहे हो?"

और उनका जवाब हमेशा यही होता है, "नहीं भैया, अब मैं बस भजन ही सुनता हूँ।"

यह घटना हमें बताती है कि माँ की भक्ति में कितनी शक्ति होती है।

एक जागरण की रात किसी की ज़िंदगी में सुकून और परिवर्तन ला सकती है — यही है माँ का आशीर्वाद।

माता का जागरण – भक्ति की खंडे वाली धार

माता का जागरण एक पुरानी और पवित्र परम्परा है। इसमें न केवल भजन और पूजा होती है, बल्कि अपने मन और चेतना

को माँ में लगाकर जीवन को एक नई ऊर्जा देना होता है।

इसे खांडे वाली धार भी कहा जा सकता है — एक ऐसा पंथ जिसमें साधना, तपस्या और विश्वास का संगम होता है। हर भक्त जागरण में अपने दिल से इस पथ पर चलता है, कठिनाइयों को भुलाकर माँ के चरणों में खुद को अर्पित करता है।

लेकिन समय के साथ, जब लोग अपनी ज़िन्दगी में व्यस्त होने लगे, तो जागरण का एक नया रूप सामने आया — माता की चौकी।

इस रूप ने लोगों को अपने घरों में थोड़े समय के लिए भक्ति का अनुभव करने का एक सुविधाजनक तरीका दिया। अब जिन्हें समय या स्थान की बाधा थी, वे भी माँ के चरणों में अपना प्रेम अर्पित कर सकते हैं। चौकी में भजन और पूजा का समय थोड़ा कम होता है, लेकिन उसमें माँ की आरती और पूजा का अपना महत्व होता है।

मेरा इस परम्परा को लेकर अपना एक विचार है, जिसे मैं आपको अपने नज़रिए में बताऊँगा। माता की चौकी ने भक्ति को एक नया रूप दिया है, जिसमें लोग अपने भावों को माँ तक आसानी से पहुँचाते हैं।

अध्याय 2

माता की चौकी: एक भावपूर्ण भक्ति का अनुष्ठान

कल्पना कीजिए — एक बच्चा जो पूरे दिन के काम, थकान और परेशानी से थककर घर आता है। माँ उसकी हालत बिना कुछ कहे समझ जाती है। वह उसे प्यार से बुलाते हुए चौकी पर बैठती है, और बच्चा माँ के चरणों में नीचे बैठ जाता है।

माँ उसके सिर पर तेल लगाकर बाल सहलाती हुई उससे बातें करती है और धीरे-धीरे बच्चे की सारी थकान, चिंता और तनाव दूर होने लगता है... **एक गहरा सुकून उसके मन में उतर जाता है। माता की चौकी भी कुछ ऐसा ही अनुभव है।**

जब हम माँ दुर्गा को चौकी में निमंत्रण देते हैं, तो वह अपने बच्चों के बीच आकर बैठती हैं। भक्तों के साथ कुछ समय बिताती हैं और उनके मन की थकान, जीवन का तनाव, और भय सब अपने आप छूट जाते हैं। माँ सिर्फ़ सुनहरी मूर्ति नहीं होती उस समय वह सच में होती हैं, वहीं, हमारे बीच।

उनके आने से घर का वातावरण बदल जाता है। जैसे कोई अदृश्य शक्ति हर कोने में शांति और ऊर्जा भर देती है। माँ जब

आती हैं, तो खाली हाथ नहीं आतीं, वो अपने साथ दया, आशीर्वाद और एक अटूट विश्वास लेकर आती हैं।

चौकी की विधि

1. **स्थल की शुद्धि और सज्जा:** चौकी के स्थान को फूलों, दीपों और रंगों से सजाया जाता है, जिसे माँ के आगमन के योग्य बनाया जा सके और फिर पंडित जी द्वारा नवग्रह पूजन, गणपति पूजन और कलश स्थापना की जाती है। यह प्रक्रिया न केवल आध्यात्मिक शुद्धि का प्रतीक होती है, बल्कि यह भक्तों के मन को भी माँ की उपस्थिति के लिए तैयार करती है।

2. **ज्योत प्रचंड:** जागरण की तरह ही चौकी में भी महंत जी द्वारा माँ के समक्ष पवित्र ज्योत जगाई जाती है, जो उनके प्रकाश, ऊर्जा और उपस्थिति का प्रतीक मानी जाती है।

   माँ की ज्योत हमारे लिए आस्था और शक्ति का प्रतीक होती है।

   ऐसा विश्वास है कि चौकी के समय जगाई गई यह ज्योत केवल एक लौ नहीं होती, बल्कि उसमें स्वयं राजरानी माँ विराजमान होती हैं। इस पवित्र ज्योत के माध्यम से भक्त माँ की दिव्य उपस्थिति का अनुभव करते हैं। राजरानी माँ की ज्योत न सिर्फ प्रकाश देती है, बल्कि हमारे तन, मन, और आत्मा को भी पावन करती है।

   जब माँ की ज्योत प्रज्वलित होती है, तो वातावरण भक्ति रस

से भर जाता है। हर कोने में माँ की कृपा की अनुभूति होती है — ऐसा लगता है मानो माँ स्वयं वहीं, उस प्रकाश में मुस्कुरा रही हों। यह ज्योत माँ के आशीर्वाद और चमत्कारों का स्वरुप मानी जाती है।

3. **माँ का आवाहन:** भजन की शुरुआत माँ के पावन आवाहन से होती है।

   महंत जी परंपरागत रीति से, छैणों के मधुर स्वर और मंत्रोच्चारण के साथ माँ का आवाहन करते हैं। इसके बाद गणेश वंदना गाकर प्रथम पूज्य गणपति का आशीर्वाद लिया जाता है। भावपूर्ण निमंत्रण के साथ माँ को चौकी में विराजमान होने का अनुरोध किया जाता है।

4. **भजन और भेंट:**

   चौकी में गाए जाने वाले भजन केवल गीत नहीं होते, वे श्रद्धा और प्रेम से भरी हुई भेंट होते हैं।

   हर एक भजन, हर एक सुर, माँ के चरणों में समर्पित एक पवित्र उपहार होता है।

   गायक अपने हृदय की पूरी भावनाओं को स्वर और शब्दों में पिरोकर माँ को अर्पित करता है।

   इन भजनों के माध्यम से भक्तजन माँ से संवाद करते हैं, अपनी आस्था, प्रेम और समर्पण व्यक्त करते हैं।

   कई बार शब्द कम पड़ जाते हैं, लेकिन भजन वो कह देते

हैं जो दिल कहना चाहता है। जब सच्चे सुर माँ के चरणों में पहुँचते हैं, तो मन को एक अनकही शांति मिलती है।

5. **आरती:** सम्पूर्ण श्रद्धा और भक्ति भाव के साथ माँ की आरती उतारी जाती है। सभी भक्त मिलकर गुनगुनाते हैं, ताकि उनका प्रेम और समर्पण माँ तक पहुँच सके।

   आरती की थाली घूमती है, और उसी के साथ भक्तों का दिल भी माँ के चारों ओर घूमता है — जैसे हर बार वह कह रहा हो, "माँ, तू ही सब कुछ है।"

6. **कन्या पूजन:** माता की चौकी में भी, जागरण की तरह, आरती के बाद कन्या पूजन होता है। कन्याओं को माँ का रूप मानकर उनका पूजन और सम्मान किया जाता है। पूजन के बाद उन्हें भोजन और भेंट दी जाती है। इसी के साथ चौकी का समापन होता है।

7. **प्रसाद वितरण:**

   आरती के पश्चात, सभी भक्तों को प्रसाद वितरित किया जाता है। यह वही प्रसाद होता है जो चौकी के दौरान माता रानी को भोग रूप में अर्पित किया गया था — मुख्यतः हलवा, चना और फल। यह प्रसाद माँ का आशीर्वाद माना जाता है और श्रद्धा व भक्ति भाव से ग्रहण किया जाता है।

इसके पश्चात सभी भक्तों के लिए भोजन प्रसाद की व्यवस्था की जाती है। यह पवित्र, प्रेमपूर्वक परोसा गया भोजन माँ के दरबार की एक विशेष कृपा होती है। माँ के चरणों में बैठकर इसे

ग्रहण करना केवल तन को नहीं, मन और आत्मा को भी तृप्त करता है।

लेकिन एक बात हमेशा याद रखनी चाहिए — भोजन प्रसाद तभी सार्थक और पूर्ण होता है, जब उसे भक्ति-भाव से भरे हुए सच्चे भजन के बाद ग्रहण किया जाए। जब मन माँ की महिमा में डूबा हो और वातावरण भक्ति से पावन हो, तभी वह अन्न भी अमृत बनता है। क्योंकि जब मन निर्मल हो, तब ही प्रसाद का हर कण दिव्यता से भर जाता है।

चौकी का भाव

माँ की चौकी एक ऐसी रात होती है जहाँ समय जैसे थम जाता है—जहाँ सिर्फ़ माँ होती हैं, और उनके बच्चे। ना कोई भेद होता है, ना कोई पद। सिर्फ़ भक्ति, प्रेम और समर्पण होता है।

यह अनुष्ठान एक आत्मिक स्नान जैसा होता है—जिसमें हम अपनी अंदर की अशान्ति, भय, और चिंता को माँ के चरणों में रख देते हैं... और बदले में माँ हमें आशीर्वाद, शान्ति और साहस से भर देती हैं।

यह रात एक ऐसा अनुभव बन जाती है जिसे शब्दों में बाँधा नहीं जा सकता बस अनुभव किया जा सकता है।

"जब माँ आती हैं, तो सिर्फ़ पूजा नहीं होती—एक रिश्ता जुड़ता है और वह रिश्ता जीवन भर का सुकून बन जाता है।"

अध्याय 3

भजन की शक्ति: "भजन थेरेपी"

ओवरथिंकिंग, टेंशन, स्ट्रेस, एंग्ज़ाइटी, डिप्रेशन, लोनलीनेस—आज के युग में ये शब्द हर किसी ने किसी न किसी रूप में ज़रूर सुने होंगे।

अगर आपने कभी नहीं सुने... तो समझिए, आप बहुत ही भाग्यशाली हैं।

पहले कहा जाता था:

"बड़े-बड़े देशों में छोटी-छोटी बातें होती रहती हैं।"

लेकिन आज, छोटे-छोटे शहरों में, ये बातें बड़ी-बड़ी समस्याएँ बन गई हैं।

जितनी तेज़ गति से दुनिया आगे बढ़ रही है, उतनी ही तेज़ी से लोग अंदर से टूट रहे हैं।

और दुख की बात यह है कि हमारा अपना समाज भी अब इस "आंतरिक संकट" से अनजान नहीं है।

लेकिन सोचिए—क्या आपने कभी किसी संत को डिप्रेशन में देखा है?

क्या आपने किसी महंत, किसी साधक, किसी भक्त को यह कहते सुना है कि "मैं चिंतित हूँ," या "मुझे पैनिक अटैक आता है?"

नहीं ना!

जहाँ भक्ति होती है, वहाँ विश्वास होता है। और जहाँ विश्वास होता है, वहाँ सकारात्मकता होती है—वहाँ खुशियाँ होती हैं।

सोचिए—भक्ति के बल पर एक साधु बिना किसी साधन के खुश रह सकता है,और भक्ति के बिना एक व्यक्ति हर साधन होने के बावजूद भी अंदर से खाली हो सकता है।

जैसे-जैसे आज का समाज मानसिक दबावों से जूझ रहा है, उतना ही ज़रूरी हो गया है कि हम आने वाली पीढ़ी को भक्ति से जोड़ें, उन्हें भजन का सहारा दें, ताकि वे भी ज़िन्दगी की दौड़ में अपने मन की शांति न खो बैठें।

यही ताकत है हमारे धर्म की। और धर्म को समझने की, महसूस करने की, सबसे पहली सीढ़ी की शुरुआत होती है—भजन से।

हम रोज़ इस बात को महसूस करते हैं, जब लोग जागरण चौकी में आते हैं, वे परेशानियों के ढेर के साथ आते हैं:

- कोई अपने व्यापार से परेशान होता है,
- कोई अपने स्वास्थ्य से,
- किसी माता-पिता को अपने बच्चों की चिंता होती है,
- कोई अगले महीने EMI की उलझन में है,
- किसी को बढ़ती उम्र से परेशानी है,
- और कोई सिर्फ़ इसलिए परेशान होता है क्योंकि दूसरा व्यक्ति उनसे ज़्यादा सफल या सुंदर लग रहा होता है।

लेकिन जैसे ही भजन शुरू होता है...

जैसे ही गूंजता है — "जय माता दी"

लोग कुछ देर के लिए ही सही, अपनी दुनिया भूल जाते हैं।

उनका मन, उनका शरीर, उनका दुख—सब कुछ भजन के साथ घुलने लगता है। भजन एक थेरेपी बन जाता है। एक ऐसी थेरेपी, जो न तो पैसे मांगती है, न समय का हिसाब रखती है — बस एक खुला दिल मांगती है।

कुछ दिन पहले हम दिल्ली से माँ वैष्णो देवी के दरबार की

यात्रा पर गए—पैदल। हमारे पैरों में छाले हो गए, खून तक निकल आया। जिन्होंने हमारे पैर देखे, वे तो घर बैठे ही रो पड़े। मगर हमें? हमें उन छालों में भी सुख महसूस हुआ। वो 21 दिन की यात्रा हमारे लिए जीवन का सबसे सुखद अनुभव बन गयी —क्योंकि हर कदम पर भजन था, हर साँस में माँ का नाम था।

इसलिए कहते हैं:

"रोते रोते आते हैं... और हँसते हँसते जाते हैं।"

और बीच का रास्ता होता है—भजन।

भजन – दिल की भाषा

भजन एक गीत नहीं, एक अनुभव है।

यह सिर्फ़ जुबान से नहीं, दिल से निकलता है—और सीधा माँ के चरणों तक पहुँचता है।

भजन वह भाषा है जो किसी स्कूल या किताब में नहीं सिखाई जाती, यह तो अंदर से जागती है, जब हम अपने विश्वास, प्रेम और दर्द को सुरों में ढालते हैं।

यह वो कला है जो आत्मा की पुकार बनकर बाहर आती है — न समय देखती है, न शब्दों की सच्चाई, बस भाव को पकड़ लेती है। जब हम भजन गाते हैं, हर शब्द मंत्र बन जाता है। वो मंत्र हमारे अंदर की हलचल को शांत करता है।

जब माँ के नाम का सुर हमारे होंठों से निकलता है, तो:

- मन का अँधेरा धीरे-धीरे रोशनी में बदलने लगता है,
- दिल का बोझ हल्का होने लगता है,
- और हर साँस में एक अलग ही शांति भर जाती है।

भजन सिर्फ़ सुना नहीं जाता, महसूस किया जाता है। यह आत्मा की भाषा है, जो इंसान को टूटने से पहले थाम लेती है।

भजन कोई साधारण संगीत नहीं है। यह एक दिव्य आवृत्ति है—जो हमें दुनिया के शोर से निकाल कर, भगवान के साथ जोड़ देती है। जहाँ बाकी सब शोर बन जाता है, वहाँ भजन मौन में भी संवाद कर जाता है।

आज के दौर में, जब हर तरफ़:

- प्रतिस्पर्धा है,
- तुलना है,
- भ्रम है,

तब भजन ही एक ऐसा माध्यम है जो हमें हमसे मिलाता है।

भजन हर इंसान के लिए है। ना इसमें जाति देखी जाती है, ना ही दर्जा। सिर्फ़ एक चीज़ चाहिए—सच्चा मन।

जब आप माँ को याद करते हो, और दिल से गाते हो:

"पार करो मेरा बेड़ा भवानी..."

तो सिर्फ़ एक गीत नहीं बजता—एक आशा जगती है।

वो आशा जो कभी थक गए दिल को दोबारा जीने की हिम्मत देती है। वो आशा जो अँधेरे के बीच भी रोशनी बन जाती है। वो आशा जो कहती है—

"इक तू सच्ची सरकार... माँ झण्ड़ेयांवाली।"

यही तो है भजन – दिल की भाषा।

एक सुर, एक बोल, एक पल—जो इंसान को भगवान से जोड़ देता है। जहाँ बाकी सब छूट जाता है, वहाँ भजन संभाल लेता है।

जीवन बदलने वाले उदाहरण

भजन की शक्ति सिर्फ़ कथाओं या ग्रंथों तक सीमित नहीं है—यह ज़िन्दगी में सच में बदलाव लाती है।

मैंने खुद देखा है, अनुभव किया है, कैसे "भजन" लोगों को अंधेरे से रोशनी की ओर ले जाता है।

ज़िंदगी से जंग

ICU में एक वृद्ध व्यक्ति जीवन और मृत्यु के बीच जूझ रहे थे। डॉक्टर्स ने उम्मीद छोड़ दी थी। पर उनके परिवार ने हर दिन उनके पास बैठकर सिर्फ़ एक काम किया—मातारानी के भजन सुनाए।

उस कमरे में शब्द गूंजते थे जो प्रेम और श्रद्धा से भरे होते थे।

कुछ ही दिनों में उनकी साँस की तकलीफ़ कम होने लगी।

डॉक्टर्स हैरान रह गए। उनका कहना था:

“हमें मेडिकल रीज़न नहीं मिल रहा, लेकिन उनकी हीलिंग अचंभित करने वाली है।”

लेकिन हम जानते हैं—यह भजन की आत्मा तक पहुँचने वाली लहर थी। जहाँ दवाइयाँ चुप थीं, वहाँ सुर बोल उठे।

चैन की नींद

एक छोटी सी लड़की, जो परीक्षा के दबाव के कारण रात भर सोती नहीं थी। हर चीज़ में सर्वश्रेष्ठ बनना था—पर इस दौड़ ने उसकी नींद चुरा ली थी।

उसकी माँ ने हर रात सिर्फ़ एक काम किया—सोने से पहले मातारानी के भजन सुनाने शुरू किए। शुरूआती कुछ दिनों में वह सिर्फ़ सुनती थी। फिर धीरे-धीरे आँख लगने लगी। और कुछ दिनों बाद, वह गहरी और शांत नींद लेने लगी—जैसे माँ की गोद में ही सो रही हो।

घर में तनाव

एक परिवार जहाँ पति-पत्नी के बीच लगातार झगड़े होते थे, बच्चे डर के माहौल में जीते थे। एक दिन बच्चों की दादी ने कहा— **“हर शाम कुछ देर के लिए घर में भजन सुना करो।”** उन्होंने अपनी दादी की बात मानकर भजन चलाना शुरू किया।

पहले तो किसी ने ध्यान नहीं दिया, फिर धीरे-धीरे वह 15 मिनट के भजन घर का माहौल बदलने लगे।

आवाज़ों का सुर हलका होने लगा, गुस्से की जगह मुस्कान ने ले ली। और एक दिन, सबने महसूस किया — यह घर अब पहले जैसा नहीं रहा। भजन ने सिर्फ़ व्यक्ति नहीं, एक पूरे परिवार की ऊर्जा बदल दी।

इन किस्सों में एक चीज़ सामान्य थी—भजन।

किसी ने स्ट्रेस से लड़ने के लिए,

किसी ने दर्द से निकलने के लिए,

किसी ने जीने की उम्मीद पैदा करने के लिए भजन का सहारा लिया।

यह सिर्फ़ एक गीत नहीं है, यह एक ऐसी शक्ति है जो हमारे मन और शरीर को संतुलन और शांति देती है। एक ऐसी शक्ति जो बिना किसी दवा के, सिर्फ़ अपने मन की पूर्ण श्रद्धा और भक्ति से काम करती है।

अध्याय 4

भजन से कैसे जुड़ें: सरल उपाय

1. **समय तय करें:**

   रोज़ सुबह या शाम 15-30 मिनट का समय सिर्फ़ भजन के लिए निर्धारित करें।

   शुरुआत अनुशासन से होती है, फिर वह आनंद में बदल जाता है।

2. **घर में मंदिर बनाएँ, और घर को मंदिर बनाएँ:**

   एक पवित्र स्थान तैयार करें जहाँ आप मन से माँ को याद कर सकें।

   फूल, ज्योत, और शुद्ध भावना से उस स्थल को पूर्ण करें। यह सिर्फ़ एक कोना नहीं – आपके घर की आध्यात्मिक शक्ति का केंद्र बन जाता है।

3. **दिल को छू जाने वाले भजनों का चयन करें:**

   ऐसे भजन चुनें जिनका अर्थ आप समझ सकें, जो आपके जीवन से जुड़ी बात करें। प्राचीन स्तोत्र हों या नए भक्ति गीत—जो भी आपके मन को भाएँ।

4. अपने आप से जुड़ें, ना कि सिर्फ़ ऑडियो से:

भजन सुनते वक़्त अपना ध्यान सिर्फ गाने पर नहीं, माँ पर केंद्रित करें।

अनुभव करें कि वे आपके सामने बैठी हैं। भजन तभी पूर्ण होता है जब वह हृदय से गाया या सुना जाए।

5. सत्संग का साथ लें:

अकेले भजन करना अच्छा है, लेकिन अगर परिवार के साथ या संगत में करें, तो अनुभव और गहरा हो जाता है।

जब कई लोग मिलकर एक ही ऊर्जा में भजन करते हैं तो उसका प्रभाव कई गुना बढ़ जाता और एक दिव्य वातावरण बन जाता है।

6. माता के जागरण या चौकी में सक्रिय भाग लीजिए:

सिर्फ़ दर्शक ना बनें—भजन गाएँ, ताली बजाएँ, और पूरी भावना से शामिल हों।

जब आप स्वयं उस माहौल का हिस्सा बनते हैं, तब भजन आपकी आत्मा में उतरने लगता है। इससे भजन आपका बन जाता है, सिर्फ़ किसी और का सुनाया हुआ नहीं।

भजन से जुड़ना एक दिन का काम नहीं, यह एक जीवन की साधना है।

यह वह मार्ग है जो हर दिन आपको थोड़ा और भीतर लेकर जाता है—अपने आप तक, और माँ तक।

एक अंग्रेजी कहावत है:

"If you hang around five successful people, you'll be the sixth."

हिंदी में अर्थ: "यदि आप पाँच सफल लोगों के साथ रहेंगे, तो छठे आप होंगे।"

उसी तरह, अगर आप उन लोगों के बीच रहेंगे जो भक्ति के मार्ग पर हैं, तो आप स्वयं उस मार्ग के सार्थक यात्री बन जाएँगे।

संगत में शक्ति है।

ऐसे लोगों के साथ जुड़ें जो भजन, सेवा, और प्रेम से भरे हुए हैं। उनका जीवन, उनकी संगत, आपका जीवन बदल देगी।

भजन सिर्फ़ संगीत नहीं, भक्ति का मार्ग है।

इस मार्ग पर चलिए – माँ के दरबार तक पहुँच जाएँगे।

अध्याय 5

माँ "एक एहसास"

"माँ!"

यह सिर्फ़ एक शब्द नहीं, एक एहसास है – ममता का, सुरक्षा का, समृद्धि का, दया का, और निष्काम प्रेम का।

जब हम रोते हैं, सबसे पहले जुबान से बस एक ही शब्द निकलता है – माँ!

जब हम खुश होते हैं, सबसे पहला ख्याल दिल में आता है – माँ!

जब डर लगता है, सबसे पहले हम जिस रूप को याद करते हैं – वह माँ होती है।

माँ हर जगह होती है। हर रूप में होती है —

कभी रोती हुई आँखों को प्यार से पोंछने वाली,

कभी अपने बच्चों का पेट भरकर खुद भूखी सो जाने वाली,

तो कभी चुपचाप हमारी दुआ बन जाने वाली।

वह सिर्फ़ जन्म देने वाली नहीं, वह हर उस रूप में होती है जो हमें जीवन देता है, हमें संभालता है, हमें पूर्ण बनाता है।

भारतीय संस्कृति में हर पवित्र रूप को माँ के रूप में देखा गया है – धरती माँ, गंगा माँ, गौ माता, भारत माता, तुलसी माँ, और जगत् जननी।

माँ एक रूप नहीं, एक अनुभव है – जो हर कदम पर साथ चलता है।

माँ जन्म देने वाली है

माँ सिर्फ़ एक शब्द नहीं, एक पूरी दुनिया है। उसका प्यार, उसकी ममता, उसकी सुरक्षा – ये सब मिलकर वह जगह बनाते हैं जहाँ हम खुद को सबसे ज़्यादा सुरक्षित और संपूर्ण महसूस करते हैं।

सोचिए, बाहर तेज़ तूफ़ान है, बिजली ज़ोर से गरज रही है—ऐसे में एक छोटा बच्चा घर के अंदर भी डर जाता है। उसे लगता है कि सब कुछ हिल गया है, और दुनिया में सब कुछ ख़त्म हो रहा है। लेकिन वही बच्चा जब माँ की गोद में होता है, तो उसे सब कुछ अच्छा लगता है। माँ की गोद वह जगह है, जहाँ बच्चा किसी भी खौफ से दूर, बस सुकून महसूस करता है। उसे यकीन होता है कि माँ के साथ, कोई भी मुसीबत उसे नहीं छू सकती।

आपने भी देखा होगा, एक छोटा बच्चा जब अकेला सोता है तो एक हल्की-सी आवाज़ से भी वह डर के उठ जाता है। लेकिन

वही बच्चा माँ की गोद में, स्कूटर की पीछे वाली सीट पर भी,

ट्रैफिक के शोर, हॉर्न की आवाज़, और भीड़भाड़ के बीच भी सुकून से सो रहा होता है।

माँ की ममता ही वो कवच है, जो हर डर को दूर कर देती है। माँ का साथ होना यानी दुनिया की हर परेशानी से दूर होना। एक ऐसी जगह जहाँ सिर्फ़ प्यार होता है, सुकून होता है, और अपनापन होता है।

यह होती है माँ की ममता – एक ऐसा प्रेम जो सिर्फ़ माँ ही दे सकती है।

"माँ का प्यार सिर्फ़ शारीरिक सुरक्षा नहीं होता, वह एक भावनात्मक सुरक्षा भी देता है, जहाँ हम अपने सबसे सच्चे रूप में, बिना डर के, जी सकते हैं।"

माँ की गोद, माँ का प्यार, और उसकी ममता – मिलकर वो एहसास बनाते हैं, जहाँ जीवन की हर उलझन सुलझ जाती है।

जब बच्चा माँ के साथ होता है, तो दुनिया का हर ग़म दूर हो जाता है।

माँ हमारे लिए सबसे बड़ा आशीर्वाद है। उसका प्यार, हमारी ज़िंदगी की वह रोशनी है जो अंधेरे में भी रास्ता दिखाती है। उसकी हर एक मुस्कान हमारी दुनिया को सुकून और प्यार से भर देती है। जब कुछ समझ नहीं आता—माँ का प्यार सब कुछ ठीक कर देता है।

माँ सबसे बड़ा वरदान है, जो अपने प्यार से हमारी ज़िंदगी को पूरा कर देती है।

माँ धरती है

जब हम "माँ" कहकर किसी को बुलाते हैं, तो मन में तुरंत एक तस्वीर उभरती है—दया की, त्याग की, और बिना शर्त प्रेम करने वाली एक ऐसी शक्ति की जो हमेशा हमें संभालती है। ऐसी ही एक माँ है – धरती माँ।

वह हमें जन्म नहीं देती, लेकिन जन्म लेने के बाद हमारा पूरा जीवन अपनी गोद में संभालती है। हम उसी पर चलते हैं, खेलते हैं, उगाते हैं, काटते हैं, और कभी-कभी तो उसी को दर्द भी देते हैं। फिर भी वह कुछ नहीं कहती। धरती माँ हर दिन बिना कुछ कहे, बिना शिकायत के, सब कुछ देती है – अनाज, पानी, वस्त्र, घर, औषधि, हवा – सब कुछ।

हर पेड़, हर फूल, हर फल उसी की कोख से निकलता है। हमारे भोजन से लेकर हमारे संस्कार तक सब कुछ उसी के आशीर्वाद से सम्भव है। हम जीते हैं क्योंकि वह जीती है। हम संसार के हर सुख का आनंद लेते हैं क्योंकि धरती माँ ने हमें सहारा दिया है, छाया दी है।

लेकिन आज, जब दुनिया आगे बढ़ रही है, हमने अपने आराम और सुविधाओं को ही सब कुछ मान लिया है। हम माइनिंग, प्रदूषण, प्लास्टिक, और कंक्रीट के जंगल से अपनी ही माँ को दर्द दे रहे हैं। फिर भी धरती माँ चुप है। जब वह रोती है तो भूकम्प आते हैं, बाढ़ आती है, सूखा पड़ता है—फिर भी हम समझने को तैयार नहीं।

जोर से बोलो

धरती माँ सिर्फ एक ग्रह नहीं, एक जीवंत शक्ति है जिसे सनातन धर्म ने हमेशा माँ का दर्जा दिया है। उनका पूजन करना, उनकी सेवा करना, और उनकी रक्षा करना – यह सिर्फ़ एक कर्तव्य नहीं, एक भक्त का पहला फ़र्ज़ है।

जिस तरह हम अपनी माँ के पैर छूते हैं, उसी तरह जब हम धरती को छूते हैं, तो उसे भी श्रद्धा और सम्मान से छूना चाहिए। हर कदम पर याद रहे कि हम माँ की कोख पर चल रहे हैं। हमारी हर क्रिया, हर फैसला, हर संसाधन का उपयोग—उसे या तो सुखी करेगा या दुःख देगा।

सनातन कहता है – सब में भगवान है। और जब हम धरती माँ में भी भगवान का दर्शन करने लगेंगे, तब ही हम अपने जीवन का असली उद्देश्य समझ पाएँगे। धरती माँ को सम्भालना, सेवा करना और उसका सम्मान करना – ही सच्ची भक्ति है।

गौ माँ है

हमारे धर्म और संस्कृति में गौ माता को कभी भी एक सामान्य पशु नहीं माना गया। उनका स्थान सदैव माँ के रूप में रहा है—और इसीलिए उन्हें "गौ माता" कहा जाता है। वे केवल एक जानवर नहीं, बल्कि स्नेह, सेवा और त्याग का जीवंत रूप हैं।

गौ माता हमारे जीवन के हर पहलू से जुड़ी हुई हैं। बचपन में उनका दूध हमारी हड्डियों को मज़बूत बनाता है, उनके गोबर से हमारी खेती उपजाऊ होती है, और उनके गो-मूत्र से हमारे शरीर और घर पवित्र होते हैं। जब उनका शरीर कमज़ोर भी पड़ जाता है, तब भी उनकी सेवा रुकती नहीं—वे तब भी आशीर्वाद के रूप में हमारे जीवन में बनी रहती हैं।

सनातन धर्म के अनुसार, गौ माता में 33 करोड़ देवी-देवताओं का वास होता है। इसलिए जब हम उनका पूजन करते हैं, तो एक

तरह से पूरे देवलोक का पूजन कर रहे होते हैं। उनकी चरण-धूल तक पवित्र मानी जाती है, और उनकी सेवा करना अपने जीवन के पापों को धोने के समान है। उनकी आँखों में ममता है, स्वर में शांति है। उनका जीवन हर पल सेवा में समर्पित है—वे बिना शर्त, बिना किसी स्वार्थ के सबकुछ देती हैं। ऐसे गुण, जो शायद देवताओं में भी दुर्लभ हों, गौ माता में प्रत्यक्ष रूप में देखे जा सकते हैं।

मैं यह मानता हूँ कि हमारे धर्म में सिर्फ़ गौ माता को नहीं, हर जीव-जंतु में, हर प्राकृतिक तत्व में भगवान का वास माना गया है। हमारी सभ्यता और परम्परा ने हमेशा हमें यह सिखाया है कि भगवान किसी एक मूर्ति, मंदिर या पथ में सीमित नहीं है। भगवान हर उस जीव में है जो जीवन का भाग है—चाहे वह एक छोटा सी पंछी हो, पेड़-पौधे हों या गौ माता जैसे सेवा और त्याग का प्रतीक हो।

गौ माता एक प्रत्यक्ष रूप हैं उसी भगवान तत्व का, जिसे हम देख सकते हैं, छू सकते हैं, सेवा कर सकते हैं। उनमें एक जीवंत मंदिर की तरह शुद्धता और पवित्रता का वास है। जब हम उनकी सेवा करते हैं, उनका सम्मान करते हैं, तो हम सिर्फ़ एक जानवर का नहीं बल्कि भगवान के ही एक साकार रूप का पूजन कर रहे होते हैं।

आज की दुनिया में, जब लोगों का धर्म सिर्फ़ एक क्रिया बनकर रह गया है, गौ माता हमें याद दिलाती हैं कि धर्म का असली अर्थ है—दया, संवेदना, और सब में भगवान के दर्शन। उनका आदर

करना, उनकी रक्षा करना, हमारा सिर्फ़ फ़र्ज़ नहीं, हमारी आध्यात्मिक यात्रा का एक ज़रूरी हिस्सा है।

एक सच्चा सनातनी वही है जो हर जीव में, हर दृश्य में भगवान का तत्व देखता है। और गौ माता उस भावना का जीवंत प्रतीक हैं। उनकी पूजा सिर्फ़ एक परम्परा नहीं, बल्कि एक स्मरण है कि भगवान कहीं दूर नहीं, बल्कि हमारे बीच में ही है।

माँ गंगा है

जब भी हम "गंगा माँ" कहते हैं, एक अलौकिक पवित्रता का अनुभव होता है। गंगा माँ कोई आम नदी नहीं हैं — वे देवलोक से धरती पर आई दिव्य माँ हैं, जिनके दर्शन और स्पर्श मात्र से ही मनुष्य का जीवन धन्य हो जाता है।

उनका आगमन भगवान शिव की जटाओं से हुआ, भागीरथ जी की कठोर तपस्या का फल था माँ का धरती पर अवतरण। वे स्वयं प्रेम और दया का अथाह सागर हैं। गंगा माँ ने कभी यह नहीं देखा कि कौन उनके पास किस कारण आ रहा है—वे हर किसी को अपनी गोद में जगह देती हैं। बिना भेदभाव, बिना शर्त। उनका जल केवल शरीर नहीं, मन और आत्मा तक को पवित्र करता है।

गंगा माँ में एक ऐसी शांति है जो शब्दों में नहीं समझाई जा

सकती। वह शांति ऐसी लगती है जैसे किसी पुराने जन्म का रिश्ता हो, जैसे माँ की गोद में लौट आना हो।

उनके किनारे बैठ जाओ, तो लगता है जैसे समय रुक गया हो। उनकी हर लहर एक गीत गुनगुनाती है—प्रेम का, शुद्धता का, और एक अटूट विश्वास का।

कभी-कभी उनका पानी सिर्फ पानी नहीं लगता—

वह एक संदर्भ है भक्ति का,

एक स्मरण है कि हम किस पवित्रता से जुड़े हुए हैं,

और एक संकेत है कि माँ कभी दूर नहीं होती—बस आँखों में भर आती है, बहती रहती है, हमेशा, बिना कुछ माँगे।

और यहीं पर सनातन धर्म की विशालता दिखाई देती है।

यह वही धर्म है जहाँ गंगा ही नहीं, यमुना, सरस्वती, गोदावरी, नर्मदा, कावेरी – सभी नदियों को माँ कहा गया है।

उनकी पूजा की जाती है, उन्हें वंदन किया जाता है, और उनकी पवित्रता में ईश्वर का दर्शन होता है।

यही तो सनातन है – जहाँ प्रकृति भी देवी है, जहाँ नदियाँ भी माँ हैं, और जहाँ भक्ति का अर्थ है प्रेम, समर्पण और श्रद्धा।

माँ जगत् जननी हैं

"माँ जगत् जननी" का अर्थ है – वह महान शक्ति जो पूरे जगत् की जननी हैं, **the Mother of the Universe, the source of all creation.**

जब हम "माँ" के रूप में उनका स्मरण करते हैं, तो हम केवल एक देवी की पूजा नहीं कर रहे होते, हम उस परम तत्व को प्रणाम कर रहे होते हैं जिससे सब कुछ उत्पन्न हुआ, और जिसमें अंततः सब कुछ विलीन हो जाता है।

जगत् जननी माँ सबसे पहली शक्ति हैं – वह प्राइमल एनर्जी जो इस सृष्टि के पहले भी थी, और अंत के बाद भी रहेगी।

उन्होंने ही प्रकृति को जन्म दिया, पाँच तत्वों का सृजन किया – पृथ्वी, जल, अग्नि, वायु, और आकाश – और इन तत्वों से सारी सृष्टि का निर्माण हुआ।

हर जीव, हर वृक्ष, हर पर्वत, हर नदी, हर हवा का झोंका – सब में माँ की शक्ति समाई हुई है। जैसे उनकी एक अदृश्य गोद पूरे ब्रह्मांड को समेटे हुए हो।

उनके अनंत रूप हैं –

वह कभी दुर्गा बनकर रक्षा करती हैं,

कभी काली बनकर अधर्म का विनाश करती हैं,

कभी लक्ष्मी बनकर जीवन में समृद्धि लाती हैं,

और कभी सरस्वती बनकर ज्ञान का प्रकाश देती हैं।

माँ के बिना न संसार चल सकता है, न जीवन का पालन हो सकता है। माँ हर रूप में एक पोषक हैं, एक संरक्षक हैं, एक आधार हैं इस अस्तित्व के।

जैसे एक माँ अपने बच्चे को गोद में उठाती है, उसी तरह जगत् जननी हर जीव को अपने आँचल में रखती हैं – चाहे वह मनुष्य हो, पशु हो, वनस्पति हो या कोई भी अन्य जीव जंतु।

जब धरती हमें अन्न देती है,

जब नदी हमें जल देती है,

जब गाय हमें दूध देती है —

ये सब माँ के ही भिन्न-भिन्न रूप हैं,

जो हमें प्रतिदिन आशीर्वाद के रूप में पोषण देते हैं।

लेकिन आज के युग में हम माँ के सृष्टि रूप को भूलते जा रहे हैं। हम उनका उपभोग तो करते हैं—लेकिन समर्पण और सम्मान भूल चुके हैं। जगत् जननी माँ को समझना सिर्फ़ धार्मिक नहीं, बल्कि एक आध्यात्मिक, सांस्कृतिक और पारिस्थितिकीय दृष्टिकोण से भी आवश्यक है। और समझने से भी एक कदम आगे है, माँ की सेवा।

जब माँ ने हमें इतना कुछ दिया है, तो क्या हमारा धर्म नहीं बनता कि हम भी उन्हें कुछ लौटाएँ?

माँ की रक्षा, सेवा और सम्मान—यही है हमारा असली धर्म। और इसी सोच के साथ, अगला अध्याय हमें ले चलता है उस मार्ग पर जहाँ **"माँ की सेवा—हमारा धर्म"** बनता है हमारी भक्ति का अगला और आवश्यक कदम।

अध्याय 6

माँ की सेवा: हमारा धर्म

मैं अपने आप को भाग्यशाली मानता हूँ कि इस भक्ति के पथ पर चलते हुए मुझे हज़ारों ऐसे भक्तों से मिलने का अवसर मिला, जिन्होंने अपनी आँखों से मातारानी के चमत्कारों का अनुभव किया है। हर किसी की एक अपनी एक कहानी है—कभी किसी गहरी बीमारी से चमत्कारिक मुक्ति, कभी ज़िन्दगी के अंधकार में प्रकाश की एक अचानक झलक।

मेरे अपने माता-पिता कहते हैं कि मेरा जन्म ही एक चमत्कार था। जब हर डॉक्टर ने कह दिया था, "यह सम्भव नहीं है", तब मातारानी ने असम्भव को सम्भव बना दिया।

और आज भी, जितने भी भक्तों से मुलाक़ात होती है, सबकी जुबान पर एक ही वाक्य होता है—

"माँ ने कभी हमें निराश नहीं किया।"

"जो भी माँगा, माँ ने दिया।"

"आज तक हमारा कोई काम नहीं रुका।"

जोर से बोलो

सच कहूँ, तो मातारानी ने हमें इतना दिया है, इतना दिया है, कि उस कृपा को शब्दों में व्यक्त करना सम्भव ही नहीं।

लेकिन... क्या यह ही काफी है? क्या सिर्फ़ पाना ही भक्ति है?

ज़रा रुकिए... और सोचिए।

कर्मण्येवाधिकारस्ते मा फलेषु कदाचन।

मा कर्मफलहेतुर्भूर्मा ते सङ्गोऽस्त्वकर्मणि।।

(भागवद् गीता – अध्याय २, श्लोक ४७)

यह श्लोक हम सबने कभी न कभी सुना होगा।

कहा जाता है कि प्रभु श्री कृष्ण ने गीता में पूरे जीवन का सार इसी एक पंक्ति में दे दिया —

"कर्म करो, पर फल की इच्छा मत करो।"

हमने यह वाक्य सुना भी है, बोला भी है,

यहाँ तक कि दूसरों को समझाया भी है।

पर क्या कभी खुद से पूछा है?

क्या हम सच में इस सिद्धांत को अपने जीवन में उतार पाए हैं?

क्या हम अपनी भक्ति बिना किसी स्वार्थ के करते हैं?

या फिर हम भगवान से भी इच्छाओं का हिसाब लगाकर भक्ति करते हैं?

क्या हमने भक्ति को भी एक सौदा, एक लेन-देन का व्यापार बना दिया है?

आज का सबसे बड़ा सवाल यह है —

क्या हम माँ से निष्काम प्रेम करते हैं? या माँ को भी तब याद करते हैं जब हमें कुछ चाहिए होता है?

माँ से प्रेम बिना शर्तों के होना चाहिए।

भक्ति का असली रूप वही है जिसमें सिर्फ़ प्रेम हो, समर्पण हो, ना कि कोई स्वार्थ।

इस अध्याय में हम अपने इस रिश्ते को समझने की कोशिश करेंगे।

अपनी माँ का ध्यान – भक्ति का पहला कदम

आज हम अपनी जन्म देने वाली माँ का वास्तव में कितना ध्यान रखते हैं?

क्या सिर्फ़ एक फ़ोटो या एक इमोशनल वीडियो को मदर्स डे पर पोस्ट कर देना ही अपनी माँ के लिए फ़र्ज़ पूरा करना है?

आज के समय में युवा पीढ़ी अपनी ज़िन्दगी में इतनी व्यस्त हो गई है कि माँ-बाप जैसे सबसे बड़े धन को नज़रअंदाज़ कर रही है। वृद्ध आश्रमों की संख्या दिन-ब-दिन बढ़ती जा रही है। बुज़ुर्ग माँ-बाप को 'बोझ' समझकर उनकी साधारण ज़रूरतों का

भी ध्यान नहीं रखा जाता। उनकी भावनाओं को, उनके सुख-दुःख, उनकी उपस्थिति की अहमियत को समझना कम होता जा रहा है।

सोचिये, क्या ऐसा व्यवहार कभी आपको खुश कर सकता है?

पैसे कमा लेना फिर भी आसान है, पर माता पिता के आशीर्वाद से जो असली समृद्धि मिलती है, वह दुनिया के किसी बैंक बैलेंस, किसी इन्वेस्टमेंट या किसी सफलता से नहीं मिल सकती। पूछिये उन लोगों से जिन्होंने अपने माता पिता को खो दिया है... उनके लिए घर सिर्फ़ एक इमारत बनकर रह जाता है। सफ़र सिर्फ़ एक रास्ता बन जाता है, और जीवन सिर्फ़ एक चलती हुई कहानी बन जाती है — **जिसमें सुकून, अपनापन और पूर्णता की कमी रहती है।**

उनके बिना दुनिया में सब कुछ होते हुए भी, एक खालीपन साथ चलता है।

अगर आप इतने खुशनसीब हैं कि आज भी आपके माता पिता आपके साथ है, तो उन्हें सिर्फ़ एक दिन नहीं, हर दिन अपना प्रेम, अपना समय, अपना सम्मान दीजिये। उनके होने का सुख महसूस कीजिये, उनकी आँखों में खुशी लाएँ। क्योंकि एक दिन जब वह नहीं होंगे, तब चाह कर भी आप उन्हें गले नहीं लगा पाएँगे, उनका हाथ अपने सिर पर नहीं रखवा पाएँगे।

इसलिए आज ही से शुरू कीजिए — उनकी सेवा, उनका

साथ, और उनका सम्मान। यही असली भक्ति का पहला और सबसे ज़रूरी कदम है।

बोलिये माता पिता के चरण कमलों की जय!

एक बार उस माँ के लिए जिसने हमें जन्म दिया —

ज़ोर से बोलो: जय माता दी!

धरती माँ का सम्मान – भक्ति का सच्चा रूप

जैसे जन्म देने वाली माँ का ध्यान रखना हमारा पहला कर्तव्य है, वैसे ही धरती माँ की सेवा भी हमारा परम धर्म है, क्योंकि उनके बिना जीवन का कोई अस्तित्व ही नहीं।

आज हम अपनी ज़िंदगी में सब कुछ कर रहे हैं — पैसे कमा रहे हैं, बड़े घर बना रहे हैं, इंश्योरेंस पॉलिसियाँ ले रहे हैं, दिन-रात मेहनत कर रहे हैं — सब कुछ अपने बच्चों के लिए, उनका भविष्य सुरक्षित करने के लिए। लेकिन एक सच हम लगातार नज़रअंदाज़ कर रहे हैं — जिस पर्यावरण में उन्हें जीना है, उसी को हम दिन-ब-दिन खुद ही बर्बाद कर रहे हैं।

प्रकृति को प्रदूषित करके, पेड़ काटकर, नदियाँ और हवा को गंदा करके, हम अपने ही बच्चों का कल खतरे में डाल रहे हैं। ग्लोबल वार्मिंग की वजह से मौसम चक्र बिगड़ चुके हैं। बारिश, गर्मी, सर्दियाँ — अब वैसी नहीं रही जैसी पहले होती थीं। आज प्रकृति हमसे अपना सब्र खो चुकी है। धरती माँ ने हमें बिना कुछ मांगे सब कुछ दिया — पानी, अन्न, हवा, जीवन। और हमने उसे

बदले में क्या दिया? प्रदूषण, लालच, और विनाश। अब समय आ गया है —

हम सबको मिलकर धरती माँ की सेवा और रक्षा में जुड़ना होगा।

पेड़ लगाना, पर्यावरण को स्वच्छ रखना, प्राकृतिक संसाधनों का सम्मान करना — यही है माँ की सच्ची सेवा।

और यह सेवा सिर्फ़ धरती माँ के लिए नहीं,

यह हमारे अपने अस्तित्व के लिए है,

और सबसे बढ़कर, हमारे बच्चों के जीने के अधिकार के लिए है।

धरती माँ की रक्षा हमारा धर्म है, और माँ का आशीर्वाद हमारी सबसे बड़ी संपत्ति।

धरती माँ के सम्मान में एक बार जोर से बोलो — जय माता दी!

गौ माता की रक्षा, भक्त का धर्म

अब मुझे तीन साल से ज़्यादा हो चुके हैं, जब से मैंने वीगन लाइफस्टाइल अपनाया है, यानी जानवरों से बनी किसी भी चीज़ का भोग पूरी तरह से त्याग दिया है। सच कहूँ — यह फैसला आसान नहीं था।

आज भी लोगों को इस सोच को समझाना बहुत मुश्किल होता है। **बचपन से हमें सिखाया गया है:**

"दूध नहीं पियोगे तो बड़े कैसे बनोगे, ताक़त कैसे आएगी?"

"देसी घी तो स्वास्थ्य के लिए अमृत होता है!"

मैं मानता हूँ, दूध और घी शारीरिक रूप से कितने भी महत्वपूर्ण क्यों न हों, पर जब उनकी कीमत किसी और के जीवन भर की पीड़ा बन जाए —

जब एक बच्चे को माँ से जबरदस्ती अलग किया जाए,

जब गौ माता को अपनी पूरी ज़िन्दगी कष्ट से गुज़ारनी पड़े, तब मैं खुद से नहीं कह सकता कि मुझे ऐसा स्वास्थ्य चाहिए।

कई रिसर्च रिपोर्ट्स में यह स्पष्ट हुआ है कि:

- 90% बछड़े जन्म के कुछ समय बाद मार दिए जाते हैं,
- और जब गौ माता दूध देने लायक नहीं रहती, तो उन्हें या तो कसाईखाने भेज दिया जाता है, या सड़कों पर बेसहारा छोड़ दिया जाता है।

मुझे पता है, यह बात आपको विवादास्पद लग सकती है। आपको शायद लगे कि यह सब अतिशयोक्ति है। लेकिन मैं सिर्फ़ एक बात कहूँगा:

अगर इसमें सिर्फ़ 1% भी सच्चाई है, तो सोचिए हम कितना बड़ा पाप कर रहे हैं?

एक माँ और उसके बच्चे के बीच के पवित्र सम्बन्ध को तोड़कर क्या हम अपने लिए पुण्य कमा सकते हैं?

हमारी परम्परा तो कहती है कि हर प्राणी में भगवान का वास है।

तो क्या करुणा, दया और प्रेम सिर्फ़ इंसानों के लिए ही है?

इसलिए मैंने फ़ैसला किया कि जाने-अनजाने किसी प्राणी को पीड़ा न दूँ। मैं कोशिश करता हूँ कि दूध, लेदर और किसी भी प्रकार के पशु उत्पाद का उपयोग न करूँ।

मैं आपको यह नहीं कह रहा कि आप तुरंत सब कुछ छोड़ दें। मैं सिर्फ यह कह रहा हूँ:

खुद अनुभव करके, सच्चाई को समझकर, अपना फ़र्ज़ तय कीजिए।

अपने दिल से पूछिए—

क्या सच में हम गौ माँ के प्रति अपना कर्तव्य निभाते हैं? और जब आप दिल से सोचें,

तो एक बार जोर से बोलिए: जय माता दी!

गंगा माँ की सेवा, शुद्धि का मार्ग

गंगा माँ का नाम लेते ही मन में श्रद्धा और शांति का भाव आता है। यह वही माँ हैं जिनके पवित्र जल में एक बार स्नान कर

लेने से जन्मों के पाप तक धुल जाते हैं। लेकिन अब समय आ गया है कि हम खुद से पूछें— क्या आज हम सच में उस माँ के साथ न्याय कर रहे हैं?

आज गंगा माँ में औद्योगिक कचरा, रसायन, प्लास्टिक और हर तरह का ज़हरीला पदार्थ बहाया जा रहा है। वह नदी, जिसके दर्शन मात्र से मन और जीवन पवित्र हो जाता था, आज गंदगी, दुर्गंध और बीमारियों का केंद्र बनती जा रही है। हमने जिस माँ को पूजनीय माना, उसी माँ को हम तकलीफ़ दे रहे हैं।

हम अपनी हर गलती के लिए गंगा माँ के जल में जाकर पाप धोना चाहते हैं, पर जब माँ को ही अशुद्ध कर दिया है, तो अपने इस पाप को हम कहाँ धोएँगे? समय आ गया है—

कि हम सिर्फ़ गंगा माँ में डुबकी न लगाएँ, बल्कि गंगा माँ की सेवा में अपना योगदान दें। **हर छोटी-छोटी चीज़—**

- प्लास्टिक और अन्य कचरे को नदी में न फेंकें,
- पूजा सामग्री को नदी में न बहाएँ,
- घर और फैक्ट्री का गंदा पानी नदी में जाने से रोकें,
- और जितना हो सके स्थानीय सफाई अभियानों में भाग लें।

यह सेवा न सिर्फ गंगा माँ के लिए है, बल्कि हमारी आने वाली नस्लों के लिए भी है। अगर गंगा माँ शुद्ध रहेंगी, तभी हमारा जीवन, हमारा पर्यावरण और धरती भी पवित्र रहेगी।

गंगा माँ के सम्मान में, एक बार जोर से बोलो — जय माता दी!

माँ जगत जननी का नाम, जीवन का उद्धार

अक्सर लोग हमसे पूछते हैं,

“क्या आपने कभी मातारानी को देखा है?”

हम मुस्कुराकर बस इतना कहते हैं —

“हर सुबह की पहली किरण में माँ होती हैं, हर शाम की आरती की लौ में माँ का रूप जगमगाता है। जब मन अकेला होता है और आँसू चुपके से गिरते हैं, तब माँ अपनी गोद में हमें छुपा लेती हैं।”

जब जीवन में कोई खुशी आती है, तो माँ भी हमारे साथ मुस्कुराती है। जब हम हार के बिल्कुल किनारे पर खड़े होते हैं, तो माँ अपने आशीर्वाद से हमें नई हिम्मत देती है।

माँ — दिल में है,

माँ — हर साँस में है,

माँ — हर कण-कण में है।

पर माँ को देखना सबके बस की बात नहीं। उसे वही महसूस कर सकता है जिसके मन में निर्मल विश्वास हो, जिसका हृदय शुद्ध हो, और जो अपनी आँखों से नहीं, अपने मन से देखता हो।

माँ लक्ष्मी के रूप में हमें समृद्धि देती हैं,

माँ सरस्वती के रूप में हमें ज्ञान देती हैं,

और माँ काली के रूप में हमारी रक्षा करती हैं।

वही तो माँ जगत जननी है — वह कभी अपने बच्चों का साथ नहीं छोड़ती।

चाहे हम उन्हें भूल जाएँ, पर वह कभी हमें नहीं भूलती। इसलिए, हमें हमेशा अपनी माँ का आभार मानना चाहिए।

हर दिन, हर साँस में उनका धन्यवाद करना चाहिए। क्योंकि जीवन में जो कुछ भी सुंदर है, वह माँ की कृपादृष्टि के बिना संभव नहीं।

आपकी बात चाहे दुनिया सुने या ना सुने, चाहे लोग समझें या ना समझें,पर माँ तो सदा सुन रही हैं।

आपके मन की पुकार, आपकी चिंता, आपकी भावना माँ हमेशा महसूस करती हैं। आप बस एक बार सच्चे मन और विश्वास के साथ पुकारो —

ज़ोर से बोलो — जय माता दी!!

अध्याय 7

एक प्रयास

माँ की महिमा को समझना और बताना सिर्फ़ एक किताब के माध्यम से बताना संभव नहीं हो सकता। इसके लिए पूरा जीवन चाहिए। पर फिर भी, हमें कहीं न कहीं से शुरुआत करनी ही पड़ती है। सिर्फ़ बोलना, सुनना और समझना काफ़ी नहीं है। जब तक हम अपने कर्मों में माँ की भक्ति को नहीं उतारते, तब तक वो भक्ति अधूरी ही रहती है। मैं आज आपको कुछ ऐसे कदम बताने जा रहा हूँ, जो आपकी भक्ति को आपके जीवन में उतारने में मदद करेंगे। अगर आप इन पाँच बातों को अपनी ज़िन्दगी में ईमानदारी से अपनाओगे, तो आपका जीवन सच में बदल जाएगा।

आप प्रेम को महसूस करेंगे, आपको दया और करुणा का अनुभव होगा, आपका आत्मबल बढ़ेगा, और मन में स्थिरता आएगी। साथ ही आपको सच्चा आनंद, शांति और समृद्धि मिलेगी। और सबसे बड़ी बात — **आपको माँ मिलेंगी।**

1. अपनी माँ के साथ समय बिताइए

अपनी माँ के साथ हर दिन कुछ वक्त बिताना शुरू कीजिये।

उनकी बातें सुनिए, अपने मन की बातें उनको सुनाइए। और अगर आपकी माँ अब इस दुनिया में नहीं हैं, तो कम से कम

महीने में एक बार किसी वृद्धाश्रम जाइए।

वहाँ उन माँ बाप से मिलिए, जो अपने बच्चों से दूर हैं। आपको माँ का रूप उन्हीं में नज़र आएगा।

2. पेड़ लगाइए

हर उत्सव, हर खुशी के अवसर पर एक पेड़ ज़रूर लगाइए।

यह तय कीजिए कि आपको हर साल कम से कम कितने पेड़ लगाने हैं। वृक्षारोपण को अपने जीवन का एक हिस्सा बनाएं।

पेड़ लगाना हमारी पृथ्वी माँ के लिए एक छोटी सी सेवा है, जो हम सबको करनी चाहिए।

3. गौशाला की सेवा कीजिए

गौशाला जाकर उन गायों की सेवा कीजिए, जो अब दूध नहीं देतीं।

माँ के रूप में, उन मासूम जीवों की सेवा करना भी एक बड़ा धार्मिक कर्तव्य है। अपने परिवार के साथ गौशाला जाएँ और अपने बच्चों को भी करुणा और सेवा का मार्ग दिखाइए।

4. नदियों को साफ़ रखना

अपनी नदियों को अपनी माँ समझकर उनमें कभी भी कचरा, प्लास्टिक बोतलें या पूजा सामग्री न फेंकिए।

नदियाँ जीवन देने वाली माँ की तरह हैं, इनकी सुरक्षा हम सबका फ़र्ज़ है।

5. माँ की ज्योत जगाइए

हर दिन अपने घर में माँ की ज्योत जगाइए।

उनका धन्यवाद कीजिए, अपने जीवन के लिए, अपनी साँसों के लिए, अपने होने के लिए। और याद रखिएगा ज्योत जलाई नहीं जगाई जाती है।

और जहाँ माँ की ये ज्योत जगती है, वहां भक्तों के भाग्य भी जाग जाते हैं।

यह एक छोटी-सी आदत आपको हर दिन माँ के साथ जुड़ने का एक तरीका देगी।

इन पाँच कदमों को अपनाकर आप अपनी ज़िंदगी में बड़ा परिवर्तन ला सकते हैं। ये कोई उपाय नहीं, बल्कि माँ के साथ अपनी एक गहरी और सच्ची भक्ति का प्रतीक हैं।

माँ हमेशा आपके साथ हैं, बस आपको उन्हें महसूस करने की ज़रूरत है।

तो, आज से ही इन्हें अपनाइए और अपनी जीवन को दिव्य बनाइए।

ज़ोर से बोलो — जय माता दी!

अध्याय 8

माँ का आशीष

मैं माता की भेंटों को सिर्फ़ गाता नहीं, बल्कि हर दिन उन्हें जीने की कोशिश करता हूँ। माता के जागरण या चौकी मेरे लिए सिर्फ़ एक रात का कार्यक्रम नहीं, बल्कि मेरी ज़िन्दगी का एक अमूल्य हिस्सा है। मैं कोई सेलेब्रिटी नहीं हूँ, ना ही कोई कलाकार। मैं तो बस माँ के बाग का एक छोटा सा फूल हूँ, माँ का आशीष हूँ।

जब भी मैंने गाया, तो माँ के लिए गाया। जब भी लिखा, तो माँ के लिए लिखा। जब भी हम देश-विदेशों में हाज़िरी भरने जाते हैं, भक्त ना जाने क्या-क्या उपाधियाँ दे देते हैं—विश्व-विख्यात

भजन गायक, प्रसिद्ध भजन कलाकार, इंटरनेशनल भजन सिंगर, भजन सम्राट, भजन मास्त्रो—और ना जाने क्या क्या। मैं उन सबको मुस्कुराकर बस एक ही बात कहता हूँ—**"मैं माँ का आशीष हूँ। बस माँ का आशीष हूँ।"**

आज भी जब मैं अपने परिवार के साथ कोई तस्वीर सोशल मीडिया पर डालता हूँ, तो पहला शब्द जो लोग कमेंट करते हैं, वह होता है—**"जय माता दी!"** चाहे हनुमान जन्मोत्सव हो, चाहे कृष्ण जन्माष्टमी हो, चाहे होली हो या दिवाली, सभी अवसर पर लोग मुझे **"जय माता दी"** लिखकर ही भेजते हैं। यह मेरे लिए सबसे बड़ा सम्मान है... माँ का सबसे बड़ा वरदान है। यही है माँ का आशीष।

इस सफ़र में, मैंने देखा है कैसे माँ की कृपा ने मेरी हर कठिन घड़ी को आसान बना दिया। कैसे जब ज़िन्दगी के रास्ते उलझे, माँ ने अपने आँचल का साया देकर मुझे सही रास्ता दिखाया। कैसे जब मन टूटने लगा, माँ के एक संकल्प ने मुझे फिर से जीने की हिम्मत दी।

क्या आपने भी माँ की कृपा का अनुभव किया है? क्या आपकी हर मुराद माँ ने पूरी की है? क्या जब आप वैष्णो देवी की यात्रा पर जाते हैं, तो लगता है जैसे आप दुनिया के सबसे पवित्र स्थल पर पहुँच गए हैं? क्या आपको भी माँ के भजन सुनना, गाना और

उनमें डूब जाना पसंद है? क्या कभी माँ के एक दर्शन ने आपके जीवन की दिशा बदल दी है?

"ज़ोर से बोलो" सिर्फ़ कुछ शब्दों का संग्रह नहीं है, यह तो एक जीवन दृष्टि है, एक विश्वास है कि चाहे ज़िन्दगी में कुछ भी हो जाए, माँ कभी साथ नहीं छोड़ती। चाहे दुनिया पलट जाए, पर माँ के आशीर्वाद का आँचल हमेशा अपने बच्चों पर फैला रहता है।

इस किताब में जो कुछ भी आपने पढ़ा, वह सब माँ के चरणों में समर्पित है। हर भेंट, हर कविता, हर अनुभव, हर शब्द — सब कुछ माँ का प्रसाद है। मैं नहीं चाहता कि कोई मुझे एक लेखक, एक गायक या एक कलाकार कहे। मैं चाहता हूँ लोग सिर्फ़ इतना कहें — **"यह माँ का आशीष है।"**

और जब आप अपने जीवन में माँ की कृपा को महसूस करते हैं, तो समझ जाइए कि सबसे बड़ा वरदान आपके जीवन में आ गया है। क्योंकि जब माँ खुश होती है, तो जीवन में कभी अँधेरा नहीं रहता।

बस माँ की धुन में रहता हूँ, चरणों में झुकाता शीश हूँ।

सेवा करके माँ की पाता मैं खुशियों की बख्शीश हूँ।

मैं माँ का आशीष हूँ, बस माँ का आशीष हूँ।

ज़ोर से बोलो – जय माता दी!

दो रास्ते

अगर आपने इस किताब को यहाँ तक पढ़ा है, तो इसका एक ही मतलब है— आप भी माँ के चरणों से जुड़े हैं, आप भी माँ के कृपा पात्र हैं। आप अपने मन और वचन से माँ के हो चुके हैं। लेकिन पूर्णतः माँ की कृपा तब मिलेगी, जब आप अपने कर्म से भी माँ के हो जाएँगे। मैं यह नहीं कह रहा कि आप अपना परिवार, व्यापार या दोस्त-यार छोड़ दें। मैं बस इतना कह रहा हूँ कि ज़िन्दगी की भाग-दौड़ में माँ को न भूलना।

आज आपके सामने दो रास्ते हैं:

पहला रास्ता:

कल से वापस वही पुरानी ज़िन्दगी में लौट जाना— रोज़ की भाग-दौड़, तनाव और परेशानी में फिर से खो जाना। और फिर बैठकर बोलें— **"सब कुछ होने के बाद भी मन संतुस्ट नहीं है ", "समय कितना बदल गया है...", "अब वह आनंद नहीं रहा", "भजन-कीर्तन भी डीजे बन गया है ।"**

दूसरा रास्ता:

माँ की सेवा में हमारे सहयोगी बनें। माँ के नाम को अपने घर तक, अपने परिवार तक और अपने आस-पास तक ज़रूर पहुँचाएँ। हमारे परिवार का एक हिस्सा बन जाएँ। जहाँ दिल से भजन किया

जाता है। जहाँ शब्द सिर्फ़ बोले नहीं, महसूस किए जाते हैं। जहाँ सिर्फ़ माँ का गुणगान होता है।

माँ से और मजबूती से जुड़ जाइए, और दूसरों को भी माँ से जोड़ने का काम कीजिए। यकीन मानिए, जो सुकून माँ के चरणों में है, वह दुनिया के किसी कोने में नहीं है।

आपका एक बार दिल से कहा हुआ **"जय माता दी"** हमें नया बल देता है, नया हौसला देता है, और आगे बढ़ने की ताकत देता है।

ये सच है के माँ के दरबार से कोई खाली नहीं जाता। मैं माँ से अपने लिए नहीं, आप सबके लिए माँगता हूँ कि माँ आपकी हर इच्छा पूरी करे, आपको सुख, शांति और अपनी अनंत कृपा से भर दे।

इस यात्रा में आपके साथ जुड़ने और माँ के आशीर्वाद को हर किसी तक पहुँचाने का हमारा उद्देश्य है।

अगर आप हमसे जुड़ना चाहते हैं, तो आप हमारे WhatsApp नंबर (9650100027) पर संपर्क कर सकते हैं, हमें Instagram (@aashishbansi) या Facebook (aashishbansiofficial) पर फॉलो कर सकते हैं, और हमारे भजन सुनने के लिए हमारा YouTube चैनल (Bhajan With Bansi Ji) को भी सब्सक्राइब कर सकते हैं।

जोर से बोलो

कहीं किसी माँ भगवती जी के जागरण या चौकी में हम ज़रूर मिलेंगे, मिलकर भगवती माँ का गुणगान करेंगे और जब भी आपकी और हमारी भेंट होगी, एक साथ में कहेंगे —

ज़ोर से बोलो – जय माता दी!ए